AF312127

VENTE APRÈS DÉCÈS

HOTEL DROUOT, SALLES Nᵒˢ 8 ET 9

DE LA

COLLECTION

DE

TABLEAUX

ANCIENS

ET

OEUVRES D'ART

PROVENANT DE LA SUCCESSION

DE FEU

Amable-Jean-Joseph-Charles de SAHUGUET D'AMARZIT

COMTE D'ESPAGNAC

EXPOSITIONS

PARTICULIÈRE	PUBLIQUE
Le Mercredi 30 Avril 1873	Le Jeudi 1ᵉʳ Mai 1873

VENTE

Les Vendredi 2 et Samedi 3 Mai 1873

À 2 HEURES 1.2 PRÉCISES

COMMISSAIRES-PRISEURS

Mᵉ Ch. PILLET, rue Grange-Batelière, 10

Mᵉ NAVOIT	**Mᵉ BÉGUIN**
Rue Ventadour, 5	Rue Neuve-des-Petits-Champs, 28

EXPERT

M. HARO, *peintre*, chevalier de la Légion d'honneur
rue Visconti, 14, et rue Bonaparte, 20

CHEZ LESQUELS SE DISTRIBUE LE CATALOGUE

1873

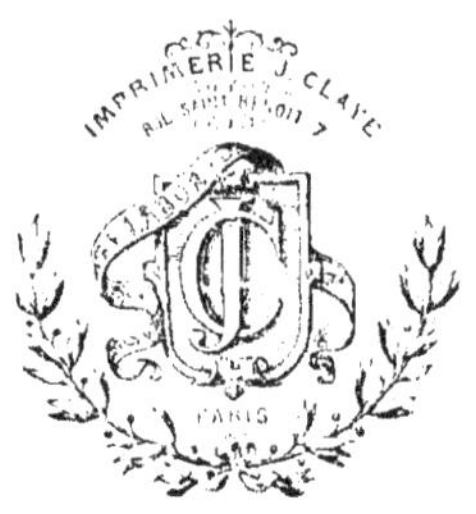

IMPRIMERIE J. CLAYE
R. L. SAINT-BENOIT 7
PARIS

TABLEAUX ANCIENS

MARBRES

ET OBJETS D'ART

CATALOGUE

DES

TABLEAUX

ANCIENS

DES ÉCOLES

ITALIENNE, FLAMANDE, HOLLANDAISE

DÉPENDANT DE LA SUCCESSION

DE FEU

M. LE COMTE D'ESPAGNAC

VENTE

HOTEL DROUOT, SALLES Nᵒˢ 8 ET 9

Le Vendredi 2 Mai et le Samedi 3 Mai 1873

A 2 HEURES 1/2 PRÉCISES

EXPOSITIONS

PARTICULIÈRE	PUBLIQUE
Le Mercredi 30 Avril 1873	Le Jeudi 1ᵉʳ Mai 1873

COMMISSAIRES-PRISEURS

Mᶜ Ch. PILLET, rue Grange-Batelière, 10

Mᶜ NAVOIT	**Mᶜ BÉGUIN**
Rue Ventadour, 5	Rue Neuve-des-Petits-Champs, 2

EXPERT

M. HARO, *peintre*, chevalier de la Légion d'honneur
rue Visconti, 14, et rue Bonaparte, 20

CHEZ LESQUELS SE DISTRIBUE LE CATALOGUE

CONDITIONS DE LA VENTE

Elle sera faite au comptant.

Les acquéreurs payeront *cinq pour cent* en sus des enchères.

L'Exposition mettant le public à même de se rendre compte de l'état des objets, il ne sera admis aucune réclamation une fois l'adjudication prononcée.

NOTICE

 — Une collection de tableaux, ayant appartenu à M. le comte d'Espagnac, décédé récemment, a eu lieu hier à l'hôtel des commissaires-priseurs, et n'a pas donné les résultats espérés. C'était presque tous tableaux anciens, quelques originaux, de très bonnes copies, quelques-unes du temps.

Un portrait de Cromwell, par Cuyp, est celui qui a obtenu les honneurs de la séance, et il n'a atteint que 5,600 fr. Le commissaire-priseur a fait connaître que l'acquéreur était M. le président de la République. Il paraît que M. Thiers était décidé à l'acheter quand bien même il eût atteint le prix demandé : 15,000 francs.

Une fois que le doute a été émis sur l'authenticité d'un Gérard Dow, la dégringolade des prix d'estimation a commencé. Titien, Rubens, Andrea del Sarto, Tintoret, Claude Lorrain ont subi la loi commune, on les a adjugés à des prix modestes. Un Hobbema a pu atteindre, à grand peine, 2,950 francs. Un portrait du doge Andrea Gutti, est monté jusqu'à 2,600 francs, bien qu'il ne fût qu'attribué à Titien : c'est une toile splendide.

Le total de la vente n'arrive pas au chiffre de 60,000 francs, et Dieu sait ce que tous ces tableaux avaient coûté. Il y a baisse en ce moment sur les belles choses ; c'est un fait constaté depuis quelques jours.

Près des Apennins, à quatre lieues de la capitale du
duché de Modène, s'élève le magnifique palais de Sassuolo,
qui fut construit par ordre du duc François Ier, sous la direc-
tion de Bartholomé Avanzini, architecte romain.

Lorsque, vers le milieu du XVIIe siècle, ce palais fut
complétement terminé, François Boulanger, élève de Guido
Reni, fut chargé de l'enrichir de peintures à fresques et de
dorures, et les ducs de Modène en firent leur résidence d'été.

A la fin du siècle dernier, le comte Frédéric d'Espagnac,
fils aîné de l'ex-gouverneur des Invalides, attiré en Italie par
les événements de la Révolution française, acquit le palais de
Sassuolo, qui n'a point cessé depuis d'appartenir à sa famille.

Chaque membre, animé par le goût des arts, continua la tradition et augmenta le nombre des tableaux, soit par des échanges ou des acquisitions, ce qui était facile alors dans ce Modenais, pays si riche et si peu exploité à cette époque. C'est ainsi que nous est arrivée cette collection, complétée par le dernier comte Amable-Jean-Joseph-Charles de Sahuguet d'Amarzit, comte d'Espagnac.

On ne saurait croire ce qu'il faut de temps, de soins, d'énergie et d'érudition pour former une galerie de maîtres anciens. Le comte d'Espagnac, dans son admiration enthousiaste des Écoles italiennes, aidé par sa grande fortune et par des circonstances tout exceptionnelles, a fouillé la Péninsule pendant quarante années.

Si le goût des arts est aujourd'hui plus développé que jamais, nous sommes obligés de reconnaître que les toiles des maîtres anciens sont relativement moins disputées aux feux des enchères que les peintures modernes. C'est un moment à passer ; bien vite les œuvres de nos contemporains se classeront dans les œuvres anciennes, beaucoup en sont dignes, car, ainsi que le disait M. Ingres, elles sont de la paroisse. Les gens du monde ont compris que le plus noble luxe était celui du b au et que c'est encore le moins ruineux.

Dans une notice assez récente, Théophile Gautier écrivait les lignes suivantes : « Un spirituel mahométan disait, après la vente de sa collection, que tout, à Paris, l'avait trompé : les amis, les femmes, le jeu, les courses, tout, excepté les tableaux »; il ajoutait encore : « il faut apporter au choix beaucoup de tact, beaucoup de goût et d'expérience; il faut savoir prendre dans chaque école ce qu'elle a de supérieur, de véritablement beau, ne pas se laisser influencer par la mode du jour, et deviner les revirements du goût. »

Nous présentons au public plusieurs séries de tableaux des Écoles italienne, flamande, espagnole et française, formant la galerie bien connue de M. le comte d'Espagnac. Par suite de son décès, ses héritiers mettent toutes les collections en vente; nous insistons sur ce fait qui intéresse les amateurs : c'est une vente sérieuse, obligatoire, et cette fois définitive; car il n'y a plus à redouter les enchères du dernier propriétaire, qui ne pouvait, dans son noble amour des arts, dans son enthousiasme toujours juvénile, se décider à laisser vendre ses tableaux. Nous nous sommes entouré d'avis de plusieurs amateurs distingués : ils nous ont conseillé de conserver les attributions des anciens catalogues, de garder ainsi la tradition, en laissant au public, aux connaisseurs et aux artistes le soin de tout vérifier et de tout étudier.

Dans un ensemble aussi varié et aussi considérable, il nous serait difficile d'indiquer tous les tableaux qui offrent un intérêt particulier; nous croyons pouvoir signaler exceptionnellement le tableau représentant *Saint Georges terrassant le Dragon;* il diffère complétement de celui du Louvre; nous reproduisons en partie la note de l'ancien catalogue :

« Ce tableau a été peint par Raphaël à la demande du duc d'Urbin, Guidobaldo, en retour de la décoration de l'ordre de la Jarretière, et c'est pourquoi Raphaël a   décoré de l'ordre *le Saint-Georges.* Il existe au palais de l'Ermitage, à Saint-Pétersbourg, un second saint Georges, se rapportant également, comme celui-ci, aux gravures de Worsterman et de Larmessin; quant à la beauté de celui de ce catalogue, elle est incontestable. »

Le portrait du doge *Andrea Gritti,* de Titien, grandeur demi-nature, est à la fois une belle chose et une chose curieuse. Gritti a son costume de cérémonie, comme s'il allait, du haut du *Bucentaure,* épouser l'Adriatique; il porte la simarre en toile d'or et la corne dogale sortant d'un cercle de pierreries, ce qui, joint à son teint hâlé, lui donne un certain air de ressemblance avec certaines idoles d'Asie. L'éclat fauve des ors et le scintillement des pierres sont rendus avec une merveilleuse intensité de couleur.

Sous un titre un peu cherché : *Les Charmes et les satiétés de l'amour*, Corrége a peint de son pinceau moelleux, fondu, qui semble dégager les corps de l'ombre et les amener à la lumière, deux beaux enfants nus, une fillette et un jeune garçon, dont l'un semble entraîner l'autre qui le suit comme à regret et voudrait bien retourner en arrière.

Mentionnons *la Femme adultère de Sébastien del Piombo*, un portrait d'homme du *Pontorme* et la *Parabole du diable semant de l'ivraie pendant le sommeil des travailleurs*, morceau d'un tel mérite que Géricault en a fait une superbe copie.

Rubens est admirablement représenté dans cette collection par une superbe esquisse de son grand tableau du *Martyre de saint Lievens*. On connaît cette composition si pleine de mouvement, de furie et de férocité, peinte d'une main hardie, dans la hâte fiévreuse du premier jet, avec des couleurs étendues d'huile et transparentes comme les préparations de Rubens; elle laisse en plusieurs endroits deviner sous ses couches légères le dessin du sujet, indiqué au crayon, puis repris à la la plume.

Un tableau qu'il serait regrettable de passer sous silence, c'est un grand paysage attribué à Hobbema par les uns, catalogué Jean Looten par les autres, qui est d'une exécution remarquable. Les arbres y sont dessinés avec vigueur et découpent hardiment leur feuillage détaillé et troué de lumière sur un fond de ciel clair et sur un lointain vaporeux qui se perd à l'horizon. De spirituelles figures de cavaliers et de chasseurs animent cette entrée de forêt, où miroitent des flaques d'eau qui mettent de la clarté dans les tons sombres des premiers plans.

Nous pouvons encore citer un portrait d'*Érasme* attribué à Hans Holbein, un *Saint Bruno* d'Eustache Lesueur, un triptyque de l'École romaine d'une admirable conservation et du plus grand intérêt, de même la *Mise au tombeau* d'après Raphaël, mentionnée par Vasari et digne de l'intérêt des vrais connaisseurs; l'esquisse si brillante du *Sancho Pança savourant les délices de sa royauté éphémère.*

Le portrait de *Cromwell* daté de 1650; on ne pourrait louer qu'imparfaitement ce magnifique portrait peint par Cuyp; c'est ainsi que Fox a jugé le modèle dans son introduction à l'histoire de Jacques II. Le caractère de Cromwell sera toujours au premier rang sur la liste de ceux qui se sont élevés au pouvoir suprême par la force de leur génie.

Le *Cénacle*, par Monsignori (Girolamo), est la plus grande page de la collection. C'est une imitation libre de celui de Léonardo da Vinci, désormais en ruine dans l'ancien réfectoire du couvent de Notre-Dame-des-Grâces à Milan. Selon la tradition et selon Vasari, le cénacle du magnifique couvent des bénédictins, à San-Benedetto près de Mantoue, avait été peint par Girolamo Monsignori. Vasari déclare qu'il fut stupéfait en le voyant et que cette copie était la plus digne de remplacer l'original. L'abbé Lanzi, dans son *Histoire de la peinture*, s'en rapporte à la tradition et à Vasari. Le dictionnaire anglais de Pilkington se rallie également à cette opinion.

Acheté à San-Benedetto même, à la fin du siècle dernier, lors de la vente du mobilier du couvent, par un oncle du comte d'Espagnac, ce tableau fut immédiatement transporté dans le château de Sassuolo, près de Modène.

Ce tableau splendide, dont les figures sont plus grandes que nature et dont la conservation est admirable, devait trouver sa place définitive dans une de nos collections publiques.

Ne pouvant tout indiquer, nous terminons cette étude en

disant aux amateurs que l'ensemble de la collection n'a pas toujours la même tenue : à côté d'œuvres exceptionnelles il y en a
quelques-unes auxquelles ce voisinage peut faire tort ; mais
les connaisseurs doivent savoir prendre dans chaque École ce
qu'elle a de supérieur et de véritablement beau.

HARO.

TABLEAUX

DÉSIGNATION

ÉCOLE ITALIENNE

ALBANI (Francesco).

1. — L'Enlèvement d'Europe.

T. — Haut., 0^m,59. Larg., 0^m,76.

ALBANI (Francesco).

2. — Baptême de Jésus-Christ par saint Jean.

Très-belle copie d'après Guido Reni ; appartenait à la famille Lovatelli, de Ravenne.

T. — H., 0^m,42. L., 0^m,28.

ALBANI (Francesco).

3. — Narcisse se mirant dans une source, épris de son image.

T. — H., 1^m,65. L., 1^m,20.

ANDREA DEL SARTO.

4. — L'Enfant Jésus se réfugiant dans les bras de sa mère.

T. — H., 0^m,98. L., 0^m,77.

ANDREA DEL SARTO (*Attribué à*).

5. — La Vierge aux Anges.

T. — H., 1^m,20. L., 1^m,00.

BAROCCIO (Fiori-Frederigo).

6. — Repos de la sainte Famille.

Ce beau tableau du maître est, à quelques détails près, la reproduction d'un des premiers tableaux de Corregio.

T. — H., 0^m,69. L., 0^m,58.

BAROCCIO (Fiori-Frederigo).

7. — Tête d'étude destinée au célèbre tableau du Vatican, *le Repos en Égypte,* pour le personnage de saint Joseph.

T. — H., 0^m,44. L., 0^m,36.

BAROCCIO (Fiori-Frederigo).

8. — Repos de la sainte Famille, visitée par un ange, qui lui apporte la manne céleste.

T. — H., 0^m,96. L., 0^m,80

BARTOLOMMEO (Fradi S.-Marco).

9. — Visite de sainte Élisabeth à la Vierge.

T. — H., 0^m,49. L., 0^m,38.

CALDARA.

10. — La Nativité.

T. — H.,0^m,30. L., 0^m,24.

CALDARA.

11. — Apparition de la Vierge.

T. — H., 0^m,38. L., 0^m,28.

CALIARI (Paolo) dit Veronese (*D'après*).

12. — Les Noces de Cana.

P. T. — H., 0^m,46. L., 0^m,76.

CALIARI (Paolo) dit Veronese (*D'après*).

13. — Les Noces de Cana.

P. T. — H., 0^m,46. L., 0^m,76.

CALIARI (Paolo) dit Veronese.

14. — Le Christ descendu de croix.

H., 0^m,73. L., 0^m,63.

CALIARI (Paolo) dit Veronese.

15 — Martyre de sainte Irène.

T. — H., 0^m,70. L., 0^m,58.

CALIARI (Paolo) dit Veronese (*École de*).

16. — La Scène.

T. — H., 0^m,77. L., 1^m,21.

CARAVAGGIO (Michel-Angiolo-Amerighi).

17. — Juifs insultant la tête de saint Jean.

T. — H., 0^m,72. L., 1^m,15.

CARAVAGGIO (Michel-Angiolo-Amerighi).

18. — Saül recevant de David la tête et l'épée de Goliath.

H., 1^m,13. L., 0^m,96.

CARLO DOLCI.

19. — Le Spasimo.

T. — H., 0^m,49. L., 0^m,35.

CARLO DOLCI.

20. — Sainte Madeleine ravie en extase.

B. — H., 0^m,62. L., 0^m,48.

CARLO DOLCI.

21. — Saint Michel terrassant Satan.

T. — H., 0^m,75. L., 0^m,49.

CARRACI (Lodovico).

22. — Les Pèlerins d'Emmaüs.

T. — H., 2^m,55. L., 4^m,55.

CARRACI (Lodovico).

23. — Saint Charles Borromée.

T. — H., 0^m,30. L., 0^m,25.

CARRACI (Agostino).

24 — La Communion de saint Jérôme.

T. — H., 0^m,54. L., 0^m,41.

CARRACI (Agostino).

25. — Jésus en prière dans le jardin des Oliviers.

T. — H., 2^m,20. L., 1^m,33.

CARRACI (Annibale).

26. — Jésus tenté par Satan.

> T. — H., 1^m,33. L., 0^m,97.

CARRACI (Annibale).

27. — Portrait du littérateur Crocci.

> F. ovale. — B. — H., 0^m,40. L., 0^m,32.

CARRACI (Annibale).

28. — Assomption de la Vierge.

> T. — H., 0^m,77. L., 0^m,52.

CARRACI (Annibale).

29-30. — Deux copies d'après les admirables frises
de Corregio qui ornent la salle de Diane
et le Couvent de Saint-Paul, à Parme.

> T. 1re. — H., 1^m,04. L., 0^m,86.
> T. 2me. — H., 1^m,15. L., 0^m,98.

CARRACI (Annibale).

31. — La Mort de sainte Madeleine.

> T. — H., 0^m,60. L., 0^m,49.

CARRACI (Annibale).

32. — Le Triomphe d'Amphitrite.

T. — H., 0^m,38. L., 0^m,26.

CAVEDONE (Jacopo).

33. — Ensevelissement du Christ.

B. — H., 0^m,19. L., 0^m,26.

CIGNANI (Carlo).

34. — Allégorie des cinq sens.

T. — H., 1^m,30. L., 1^m,63.

CIGNANI (Carlo).

35. — Sainte Madeleine en prière.

T. — H., 0^m,71. L., 0^m,56.

CIGOLI (*Attribué à*).

36. — Copie de la Madeleine du Corrége.

B. — H., 0^m,22. L., 0^m,27.

CORREGIO (Antonio-Allegri).

37. — Le Christ visité dans son tombeau par des anges.

Forme cintrée. — T. — H., 0^m,52. L., 0^m,33.

CORREGIO (Antonio-Allegri).

38. — Les Charmes et les satiétés de l'amour.

> Les charmes de l'amour sont ici personnifiés par deux enfants : la jeune fille tenant des roses, et le jeune garçon agitant des pavots.

> T. — H., 0^m,82. L., 0^m,62.

CORREGIO (Antonio-Allegri).

39. La Nuit, ou l'Adoration des bergers.

> Esquisse.

> P. — H., 0^m,46. L., 0^m,30.

CORREGIO (Antonio-Allegri) (*Attribué à*).

40. — Repos de la sainte Famille.

> Provenant d'un antique château du Modénais, près de Bazano, non loin de la rivière Lenza.

> H., 0^m,67. L., 0^m,88.

CORREGIO (Antonio-Allegri) (*Attribué à*).

41. — Même sujet que le précédent.

> T. — H., 1^m,20. L., 1^m,04.

CORREGIO (Antonio-Allegri) (*Attribué à*).

42. — Épisode du paradis terrestre.

> Esquisse.

> T — H., 0^m,36. L., 0^m,26.

CORREGIO (Antonio-Allegri) (*D'après*).

43. — Création miraculeuse de la première femme.

Ce tableau est très-probablement de Rondani (Francesco), l'un des aides favoris de Corregio.

T. — H., 1^m,08. L., 1^m,40.

CREDI (Lorenzo di).

44. — Une sainte Famille.

B. — H., 0^m,33. L., 0^m,27.

CRESPI (Daniele).

45. — Jésus sur la croix.

T. — H., 0^m,50. L., 0^m,25.

CRESPI (Daniele).

46. — Déposition de la croix.

T. — H., 0^m,40. L., 0^m,30.

DOSSO-DOSSI.

47. — La Visitation.

T. — H., 0^m,71. L., 0^m,61.

FRANCIABIGIO (MARC-ANTONIO).

48. — Mariage de la Vierge.

B. — H., 0^m,58. L., 0^m,73.

GIORGIONE (GIORGIO-BARBARELLI) (*École de*).

49. — Portrait à mi-corps d'un chevalier vénitien.

B. — H., 0^m,70. L., 0^m,53.

GUERCINO (BARBIERI-GIAN-FRANCESCO).

50. — Conversion de saint Paul.

B. — H., 0^m,78. L., 0^m,56.

GUERCINO (BARBIERI-GIAN-FRANCESCO).

51. — Saint Jérôme éveillé par la trompette d'un ange.

T. — H., 0^m,45. L., 0^m,64.

GUERCINO (BARBIERI-GIAN-FRANCESCO).

52. — Sainte Madeleine.

T. — H., 0^m,55. L., 0^m,40.

GUIDO-RENI.

53. — Sainte Madeleine repentante.

T. — H., 2^m,12. L., 1^m,47.

GUIDO-RENI.

54. — Magnifique étude des principaux épisodes du
tableau de la Pinacothèque de Bologne,
le Massacre des Innocents.

T. — H., 0^m,50. L., 0^m,36.

GUIDO-RENI.

55. — Portrait de cardinal.

T. — H., 1^m,32. L., 0^m,98.

GUIDO-RENI.

56. — Étude pour la tête d'un moine franciscain.

T. — H., 0^m,38. L., 0^m,30.

LUINI (Bernardino da Luino) (*Attribué à*).

57. — La Madeleine en extase.

T. — H., 0^m,70. L., 0^m,50.

LUINI (Bernardino da Luino) (*École de*).

58. — Une Dame à son clavecin, portrait présumé de
Sophonisbe Anguisçiola, artiste célèbre de
Crémone.

T. — H., 0^m,99. L., 0^m,69.

MAZZOLINI (Lodovico).

59. — La Femme adultère.

B. — H., 0^m,46. L., 0^m,44.

MAZZUOLA (Pierilario).

60. — La Vierge et l'enfant Jésus apparaissant à sainte Thérèse et à saint Dominique.

T. — H., 0^m,29. L., 0^m,49.

MONSIGNORI (Girolamo).

61. — Le Cénacle.

T. — H., 2^m,40. L., 6^m,92.

PARMIGIANINO (Francesco-Mazzuola, *dit le*).

62. — Diane séduite par l'Amour.

T. — H., 0^m,83. L., 4^m,45.

PARMIGIANINO (Francesco-Mazzuola, *dit le*).

63. — Petit paysage aussi rare que curieux, dans lequel l'artiste a intercalé les épisodes du Jugement de Pâris et de Diane surprise au bain par Actéon.

T. — H., 0^m,32. L., 0^m,43.

PERUGINO (Pietro-Vannucci).

64. — La Vierge et l'enfant Jésus.

B. — H., 0^m,76. L., 0^m,59.

PIPPI (Giulio), *dit* Jules-Romain.

65. — Vulcain, séduit par l'or que lui présentent des
Amours, leur livre une magnifique armure
qu'avec l'aide de ses forgerons il vient de
terminer à peine : à distance on aperçoit
Mars et Vénus.

T. — H., 2^m,30. L., 1^m,55.

PONTORMO (Jacopo-Carucci).

66. — Un Portrait d'homme.

B. — H., 0^m,95. L., 0^m,74.

RAFFAELLO (Sanzio da Urbino)?

67. — Saint Georges tuant le dragon avec une lance
et portant à la jambe droite le ruban de
l'ordre de la Jarretière.

Ce tableau précieux, peint pour Henri VIII, roi
d'Angleterre, fut vendu par ordre de Cromwell, avec

la galerie de Cha es Ier, et a successivement appartenu aux galeries et cabinets :

1° Du comte de Pembroke ;
2° Du marquis de Sourdis ;
3° De M. de Montarsis ;
4° Du célèbre amateur Crozat.

Il a été gravé en 1627 par Lucas Vorsterman : la dédicace au comte de Pembroke porte ces mots caractéristiques : *Eximiam hanc Raphaelis picturam, quæ hactenus latuit inter ejus rariora, eidem illi comiti benignissimo, hujus artis Mæcenati, Lucas Vorsterman sculptor donat, dicat.*

RAFFAELLO (*Attribué à*).

(Triptyque).

68. — L'Annonciation, aile gauche.

T. — II., 0^m,28. L., 0^m,51.

69. — L'Épiphanie, tableau central.

T. — II., 0^m,28. L., 0^m,51.

70. — La Circoncision, aile droite.

T. — II., 0^m,28. L., 0^m,51.

RAFFAELLO (*Ecole de*).

71. — La Mise au tombeau.

T. — II., 1^m,70. L., 1^m,74.

RAFFAELLO (Sanzio da Urbino) (*D'après*).

72. — Esquisse pour l'Attila de la Salle d'Héliodore
au Vatican.

> Grand dessin sur papier marouflé, ayant appartenu
> au cardinal Fesch.
>
> H., 0ᵐ,64. L., 1ᵐ,12.

RAFFAELLO (Sanzio da Urbino) (*D'après*).

73. — L'Héliodore qui sert de pendant au précédent.

> Grand dessin sur papier marouflé, ayant appartenu
> au cardinal Fesch.
>
> H., 0ᵐ,49. L., 1ᵐ,12.

RICCIARELLI (Daniele di Volterra).

74. — La Vierge près du Christ, au pied de la Croix.

> H., 0ᵐ,64. L , 0ᵐ,31.

RICCIARELLI (Daniele di Volterra).

75. — Descente de Croix.

> T. — H., 0ᵐ,38. L., 0ᵐ,28.

RICCIARELLI (Daniele di Volterra).

76. — Descente de Croix.

> T. — H., 0ᵐ,32. L., 1ᵐ,42.

SACCHI (Andrea).

77. — Miracle de Bolsène.

T. — H., 0^m,64. L., 0^m,48.

SACCHI (Andrea).

78. — La Sibylle persique.

T. — H., 1^m,51. L., 1^m,13.

SCARSELLO (Ippolito Scarsellino, *dit le*).

79. — Apparition de la Vierge à plusieurs saints.

T. — H., 0^m,67. L., 0^m,55.

SCHEDONE (Bartolommeo).

80. — Le Christ mort étendu sur les genoux de la Vierge.

Saint Charles Borromée et saint Antoine prient en présence de ce douloureux spectacle, tandis qu'un ange soutient une main du Christ et qu'un groupe d'anges célèbre ce grand mystère.

T. — H., 2^m,45. L., 1^m,55.

SCHEDONE (Bartolommeo).

81. — Copie réduite de la *Madonna alla Scudella* de Corregio, galerie de Parme.

Forme cintrée. — B. — H., 0^m,78. L., 0^m,57.

SCHEDONE (Bartolommeo).

82. — Saint François prosterné devant la Vierge et l'enfant Jésus.

B. — H., 0^m,48. L., 0^m,38.

SCHIAVONE (Andrea).

83. — L'Assomption de la Vierge.

T. — H., 0^m,59. L., 0^m,38.

SEBASTIANO DEL PIOMBO.

84. — La Femme adultère.

B. — H., 0^m,38. L., 0^m,51.

SEBASTIANO DEL PIOMBO.

85. — La Visitation.

B. — H., 1^m,85. L., 1^m,40.

TIEPOLO (Giovanni-Battista).

86. — Capucin prêchant devant Jules II.

H., 0^m,32. L., 0^m,48.

TIEPOLO (Giovanni-Battista).

87. — Ordination d'un évêque.

H., 1^m,32. L., 0^m,48.

TINTORETTO (Jacopo-Robusti).

88. — La Flagellation du Christ, peinte sur cuivre.

C. — H., 0ᵐ,54. L., 0ᵐ,29.

TINTORETTO (Jacopo-Robusti).

89. — Parabole du Diable semant l'ivraie pendant le sommeil des travailleurs.

T. — H., 1ᵐ,50. L., 1ᵐ,26.

TINTORETTO (Jacopo-Robusti).

90. — La Piscine probatique.

H., 0ᵐ,57. L., 1ᵐ,15.

TINTORETTO (Jacopo-Robusti).

91. — Esquisse du Jugement dernier, sur papier marouflé.

P. — H., 1ᵐ,15. L., 0ᵐ,51

TINTORETTO (Jacopo-Robusti).

92. — Le Calvaire.

H., 0ᵐ,59. L., 0ᵐ,47.

TINTORETTO (Jacopo-Robusti).

93. — Portrait d'un cardinal.

T. — H., 0ᵐ,70. L., 0ᵐ,57.

TINTORETTO (Jacopo-Robusti)

94. — La Flagellation du Christ.

T. — H., 0^m,37. L. 0^m,59.

TIZIANO (Vecellio da Cadore).

95. — Portrait du doge Andrea Gritti.

T. — H., 0^m,53. L., 0^m,41.

TIZIANO (Vecellio da Cadore) (*Attribué à*).

96. — La Palingénésie de l'Amour.

T. — H., 1^m,20. L., 1^m,40.

TIZIANO (Vecellio da Cadore) (*Attribué à*).

97. — Portrait du pape Paul III.

H., 0^m,90. L., 0^m,72.

TIZIANO (Vecellio da Cadore) (*Attribué à*).

98. — Saint Ambroise, saint Dominique, saint Antoine
de Padoue et saint Hilaire ont une vision
de la Conception de la Vierge.

P. T. — H., 0^m,52. L., 0^m,35.

TIZIANO (Vecellio da Cadore) (*D'après*).

99. — Danaé après la pluie d'or.

T. — H., 1^m,18. L., 1^m,72.

TIZIANO (Vercellio da Cadore) (*D'après*).

100. — Une Jeune Femme à sa toilette.

T. — H., 0ᵐ,68. L., 0ᵐ,58.

TIZIANO (*d'après* Vecellio da Cadore).

101. — La Vénus au petit Chien.

T. — H., 1ᵐ,17. L., 1ᵐ,65.

VEROCCHIO (École de).

102. — La Vierge et l'enfant Jésus.

Forme cintrée. — B. — H., 0ᵐ,59. L., 0ᵐ,42.

VINCI (École de Lionardo da).

103. — Le Cénacle.

H., 0ᵐ,20. L., 0ᵐ,38.

ZAMPIERI (Domenichino).

104. — Martyre de saint Érasme, évêque.

T. — H., 0ᵐ,44. L., 0ᵐ,34.

ZAMPIERI (Domenichino).

105. — Saint Jean.

H., 0ᵐ,35. L., 0ᵐ,40.

ZAMPIERI (Domenichino).

106. — Saint Luc.

H., 0^m,35. L., 0^m,40.

ZAMPIERI (Domenichino).

107. — Saint Marc.

T. — H., 0^m,35. L., 0^m,40.

ZAMPIERI (Domenichino).

108. — Tentation de saint Antoine.

T. — H., 0^m,65. L., 0^m,50.

ZAMPIERI (Domenichino).

109. — Martyre de saint Laurent.

T. — H., 0^m,97. L., 0^m,62

ZAMPIERI (Domenichino).

110. — Assomption de la Madeleine.

T. — H., 0^m,65. L., 0^m,48.

ZAMPIERI (Domenichino).

111-112. — Deux Pendants, grisailles. — Saint Bona-
venture et sainte Thérèse.

T. — H., 0^m,42. L., 0^m,22.

ÉCOLE FLORENTINE DU XVᵉ SIÈCLE.

113. — Mariage mystique de sainte Catherine
d'Alexandrie.

B. — H., 0ᵐ,64. L., 0ᵐ,81.

ÉCOLE FLORENTINE DU XVIᵉ SIÈCLE.

114. — La Flagellation du Christ.

B. — H., 0ᵐ,67. L., 0ᵐ,52.

ÉCOLE ITALIENNE.

115. — Portrait de Jean Scot, célèbre philosophe
scolastique du xiiiᵉ siècle, adversaire de
saint Thomas.

H , 0ᵐ,76. L., 0ᵐ,63

ÉCOLE ITALIENNE.

116. — Portrait d'homme.

B., 0ᵐ,22. L., 0ᵐ,19.

ÉCOLE ITALIENNE.

117. — Musiciens jouant du violon et de la guitare.

T. — H., 0ᵐ,85. L., 1ᵐ,10.

ÉCOLE ITALIENNE.

118. — Musiciens jouant de la mandoline (pendant
du précédent).

T. — H., 0^m,85. L., 1^m,10.

ÉCOLE ITALIENNE.

119. — Hercule combattant l'hydre de Lerne; projet
de fontaine.

D. — H., 0^m,32. L., 0^m,24.

ÉCOLE ITALIENNE.

120. — Saint Joseph et l'enfant Jésus; esquisse.

T. — H., 0^m,17. L., 0^m,14.

ÉCOLE ITALIENNE.

121. — Sous ce numéro seront vendus plusieurs
tableaux non catalogués.

ÉCOLE ESPAGNOLE

CANO (Alonzo).

122. — Vœu de Louis XIII.

T. — H , $0^m,34$. L., $0^m,31$.

CESPEDES (Paolo).

123. — Réduction de son fameux Cénacle.

B. — H., $0^m,24$. L., $0^m,47$,

COELLO (Claudio).

124. — Angoisse prophétique de la Mère de douleurs.

T. — H., $0^m,37$. L., $0^m,44$.

COELLO (Claudio).

125. — Très-petite réduction du Christ au jardin des Oliviers.

Ardoise. — H., $0^m,22$. L., $0^m,16$.

HERRERA (François), dit le Vieux.

126. — Saint Jérôme.

T. — H., 1m,67. L., 1m,30.

HERRERA (François), dit le Jeune.

127. — Présentation de la Vierge au temple.

T. — H., 0m,65. L., 0m,46.

MURILLO (Esteban). (École de)

128. — Zacharie et Élisabeth présentant saint Jean
au temple pour la circoncision.

T. — H., 1m,28. L., 0m,99.

MURILLO (Attribué à Esteban).

129. — Jésus adolescent pric auprès des instruments
de la Passion.

T. — H., 0m,90. L., 0m,70.

MURILLO (Esteban).

130. — Jésus au jardin des Oliviers.

T. — H., 0m,14. L., 0m,18.

RIBERA (Jusepe), dit l'Espagnoletto.

131. — Saint Jérôme en méditation.

T. — H., 1^m,29. L., 1^m,00.

RIBERA (Jusepe), dit l'Espagnoletto.

132. — Un site sauvage au milieu d'une chartreuse,
au milieu duquel médite un moine.

T. — H., 0^m,80. L., 1^m,05.

VELASQUEZ (Don Diego-Rodriguez de Sylva)?

133. — Brillante et spirituelle esquisse du sujet de
Sancho Pança, savourant les délices de sa
royauté éphémère.

T. — H., 0^m,48. L., 0^m,64.

VELASQUEZ (Attribué à Don Diego).

134. — Portrait de dame jouant avec un chien.

T. — H., 1^m,00. L., 0^m,82.

ZURBARAN (François).

135. — La Vierge et l'enfant Jésus apparaissant à
    deux moines dominicains. Un arc-en-ciel
    atteste que leur prière est exaucée.

B. — H., 0^m,77. L., 0^m,42.

ÉCOLE ESPAGNOLE.

136. — Sainte Thérèse.

T. — H., 0^m,27. L., 0^m,18.

ÉCOLE ESPAGNOLE.

137. — Sous ce numéro seront vendus plusieurs
    tableaux non catalogués.

ÉCOLES

ALLEMANDE, FLAMANDE ET HOLLANDAISE

BOTH (Jean et André).

138. — Un Chemin et un Torrent dans les Apennins.

H., 0^m,59. L., 0^m,71.

CHAMPAIGNE (Philippe de).

139. — L'Adoration des bergers.

B. — H., 0^m,51. L., 0^m,37.

CHAMPAIGNE (Philippe de).

140. — La Communion de saint Jérôme.

H., 0^m,95. L., 0^m,75.

CRAYER (Gaspard de).

141. — La Vierge, l'enfant Jésus et saint Jean.

B. — H., 0^m,32. L., 0^m,24.

CUYP (ALBERT).

142. — Portrait de Cromwell à l'âge de cinquante
et un ans.

B. — H., 0ᵐ,82. L., 0ᵐ,62.

DOV (GÉRARD).

143. — Son portrait à l'âge de quarante et un ans.

B. — H., 0ᵐ,41. L., 0ᵐ,33.

DYCK (*Attribué* à ANTOINE VAN).

144. — Saint Martin donnant à un pauvre la moitié
de son manteau.

B. — H , 0ᵐ,85. L., 0ᵐ,71.

DYCK (*Attribué* à ANTOINE VAN).

145. — Portrait d'un jeune homme (*étude*).

B. — H., 0ᵐ,62. L., 0ᵐ,48.

DYCK (*Attribué* à ANTOINE VAN).

146. — L'Élévation de la Croix.

H., 0ᵐ,32. L., 0ᵐ,26.

DYCK (*Attribué à* ANTOINE VAN).

147. — Portrait d'un homme vêtu de noir, vu jusqu'aux genoux.

T. — H., 1^m,16. L., 0^m,92.

ELSHEIMER (ADAM).

148. — L'Adoration des bergers.

C. — H., 0^m,38. L., 0^m,29.

HALS (*Attribué à* FRANÇOIS).

149. — Portrait en pied de Henriette d'Angleterre,
enfant, jouant avec un king-charles.

T. — H , 0^m,88. L., 0^m,70.

HELST (BARTOLOMÉ VAN DER).

150. — Portrait à mi-corps de Milton.

T. — H , 1^m,00. L., 0^m,80.

HELST (BARTOLOMÉ VAN DER).

151. — Portrait jusqu'aux genoux d'une femme de
bourgmestre; elle est assise, ses che-
veux sont retenus par une sorte de dia-
dème.

T. — H., 1^m,16. L., 0^m,79.

HOBBEMA (*Attribué à* MAINDER).

152. — Clairière dans une forêt, avec figures et animaux, par Adrien van de Velde.

H., 1^m,06. L., 1^m,32.

HOBBEMA (*Attribué à* MAINDER).

153. — Une prairie avec bestiaux ; sur la gauche, un
moulin, dont les eaux jaillissantes viennent
baigner les bords du pâturage.

T. — H., 0^m,68. L., 0^m,83.

HOLBEIN (*Attribué à* HANS).

154. — Portrait presque en pied d'Érasme.

T. — H., 1^m,15. L., 0^m,80.

JORDAENS (JACQUES).

155. — Une Bacchanale conduite par le vieux Silène.

B. — H., 0^m,27. L., 0^m,36.

NEEFS (PETER).

156. — Messe de minuit, avec figures par Palamède.

T. — H., 0^m,67. L., 1^m,00.

REMBRANDT (*Attribué à* PAUL VAN RYN).

157. — Paysage avec effet de lune.

T. — H., 0ᵐ,77. L., 1ᵐ,22.

REMBRANDT (*École de* PAUL VAN RYN).

158. — Saint Jérôme.

H., 1ᵐ,25. L., 1ᵐ,02.

RUBENS (PIERRE-PAUL).

159. — Martyre de saint Liévin.

Exécution et conservation remarquables.

T. et P. — H., 0ᵐ,68. L., 0ᵐ,53.

RUBENS (PIERRE-PAUL).

160. — Cyparisse, désespéré d'avoir blessé son cerf favori.

B. — H., 0ᵐ,11. L., 0ᵐ,21.

SWANEVELT, dit HERMAN D'ITALIE.

161. — Un Lever de soleil.

T. — H., 0ᵐ,44. L., 0ᵐ,34.

ÉCOLE FLAMANDE.

162. — Saint Jérôme.

B. — H., 0^m,14. L., 0^m,11.

163. — Sous ce numéro seront vendus plusieurs tableaux non catalogués.

ÉCOLE FRANÇAISE

COLIN (Alexandre-Marie).

164. — Les Trois Sorcières de Macbeth.

T. — H., 0^m,74. L., 1^m,00.

COURTOIS (Jacques), *dit* LE BOURGUIGNON.

165. — Après le combat.

B. — H., 0^m,19. L., 0^m,26.

DELAROCHE (*Attribué à* Paul).

166. — Esquisse du tableau *Le président Duranty*.

T. — H., 0^m,55. L., 1^m,45.

GELÉE (Claude), *dit* LE LORRAIN

167. — Un soleil couchant, dont le disque en feu est
enveloppé de vapeurs.

Au loin et au centre du tableau s'écoulent avec
calme les eaux du Tibre ; un pont, un temple de Vesta,

une barque, dessinent fantastiquement leurs lignes,
comme noyées dans la pénombre du soir; au premier
plan, un pâtre, distrait de la garde de son troupeau,
semble absorbé par cet émouvant spectacle.

T. — H., 0m,71. L., 0m,92.

GELÉE (Claude), *dit* LE LORRAIN (*Attribué à*).

168. — Site agreste avec perspective de la mer.

Le soleil est si près de l'horizon qu'il éblouit le
spectateur par les torrents de lumière dont il inonde
au loin les vagues. On aperçoit, à gauche, la proue
d'un vaisseau qui a jeté l'ancre.

H., 0m,62. L., 0m,78.

GELÉE (Claude), *dit* LE LORRAIN (*Attribué à*).

**169. — Une pastorale doucement éclairée par les
derniers rayons d'un soleil d'automne.**

T. — H., 0m,42. L., 0m,56.

GELÉE (Claude), *dit* LE LORRAIN (*Attribué à*).

**170. — Un espace de mer se confondant avec l'em-
bouchure d'un fleuve qui traverse un pays
montagneux.**

Sur la gauche, quelques colonnes d'un temple,
derrière lequel se brisent les rayons du soleil cou-

chant. Assis au pied du temple, un musicien rus-
tique excite au plaisir et à la danse des groupes de
villageois.

T. — H., 0^m,60. L., 0^m,80.

GELÉE (Claude), *dit* LE LORRAIN (*Attribué à*).

171. — Grande étude, avec figures dans le style de
Jean Miel, ayant probablement servi à la
composition de la Fête villageoise.

T. — H., 0^m,58. L., 0^m,93.

GELÉE (Claude), *dit* LE LORRAIN (*Attribué à*).

172. — Chasse du sanglier de Calydon, avec figures
et animaux par Philippe Lauri.

T. — H., 0^m,58. L., 0^m,73.

GELÉE (Claude), *dit* LE LORRAIN (*Attribué à*).

173. — Paysage ; campagne de Rome.

Au premier plan, à gauche, des paysans qui dansent.

GELÉE (Claude), *dit* Le LORRAIN (*École de*).

174-175. — Paysages ; deux panneaux se faisant pendant.

Soleil levant et soleil couchant.

B. — H., 0^m,55. L., 1^m,44.

GIRODET (*Attribué à* TRIOSON).

176. — Portrait en pied de Napoléon Ier.

T. — H., 0^m,92. L., 0^m,72.

GRANET (*Attribué à*).

177. — Intérieur.

H., 0^m,16. L., 0^m,22.

LAVOYNE.

178. — Reproduction de la tête du Christ de la Cène de Milan.

T. — H., 0^m,80. L., 0^m,60.

LEBRUN (CHARLES).

179. — Saint Louis à genoux et priant.

H., 0^m,54. L., 0^m,41.

LELEUX (Mme ARMAND).

180. — Souper des Comédiens au château de Sigognac.

Tiré du *Capitaine Fracasse*, roman de Théophile Gautier.

B. — H., 0^m,46. L., 0^m,35.

LESUEUR (EUSTACHE).

181. — La Conversion de saint Bruno.

T. — H., 1^m,17. L., 0^m,86.

VAN LOO (*Attribué à* CHARLES).

182. — Portrait du maréchal de Saxe.

T. — H., 0^m,50. L., 0^m,40.

PRUDHON (*Attribué à* PIERRE-PAUL).

183. — La Famille malheureuse.

T. — H., 0^m,62. L., 0^{m}49.

PRUDHON (*Attribué à* PIERRE-PAUL).

84 — Vénus et Adonis.

P. — H., 0^m,46. L., 0^m,39.

PRUDHON (*Attribué à* PIERRE-PAUL).

185. — Même sujet.

T. — H., 0^m,76. L., 0^m,56.

PRUDHON (*Attribué à* Pierre-Paul).

186. — Le Zéphyr.

T. — H., 0^m,80. L., 0^m,64.

PRUDHON (*Attribué à* Pierre-Paul).

187. — Esquisse pour le tableau de la Vengeance divine.

T. — H., 0^m,32. L., 0^m,41.

PRUDHON (*Attribué à* Pierre-Paul).

188. — L'Assomption de la Vierge.

T. — H., 0^m,67. L., 0^m,52.

ROSSI.

189. — Vue d'Orient.

T. — H., 0^m,16. L., 0^m,24.

STELLA (Jacques).

190. — La Mort de la Vierge.

T. — H., 0^m,40. L., 0^m,51.

STELLA (JACQUES).

191. — Jésus au milieu des Docteurs.

T. — H., 0^m,63. L., 0^m,96.

SUBLEYRAS (PIERRE).

192. — La Coquetterie.

C. — H., 0^m,45. L., 0^m,47.

SUBLEYRAS (PIERRE).

193. — Martyre de saint Pierre.

T. — H., 0^m,44. L., 0^m,30.

VALTON (copie d'après FRANÇOIS BOULANGER, par).

194. — Le Triomphe de Bacchus.

T. — H. 0^m,22. L., 1^m,30.

ÉCOLE FRANÇAISE.

195. — Zénobie retrouvée par les bergers.

H., 0^m,30. L., 0^m,37.

ÉCOLE FRANÇAISE.

196. — Chien blessé.

B. — H., 0^m,20. L., 0^m,39.

ÉCOLE FRANÇAISE.

197. — La Méditation, esquisse.

T. — H., 0^m,35. L., 0^m,22.

ÉCOLE FRANÇAISE.

198. — Portrait de Vien.

Ovale. B. — H. 0^m,20. L., 0^m,15.

———

199. — Sous ce numéro seront vendus plusieurs tableaux non catalogués.

DESSINS

AQUARELLES ET ÉMAUX

DESSINS, AQUARELLES

ET ÉMAUX

CHARLIER.

200. — Le Réveil de Vénus.

Gouache.

DAGNAN.

201. — Le Pont d'Avignon.

Sépia.

Signé à gauche.

DAGNAN.

202. — Le Cachot de Bonnivard (château de Chillon).

Mine de plomb.

Signé à droite.

KANZ.

203. — Portrait de jeune femme, peint sur émail.

Signé à droite.

Forme ovale.

KANZ.

204. — Portrait de jeune femme, peint sur émail.

Pendant du précédent.

MICHEL-ANGE (*Attribué à*).

205. — Première Pensée du Moïse.

Dessin à la plume.

MERCURI.

206. — Sainte Cécile.

Dessin très-terminé d'après la sainte Cécile de Raphaël, à Bologne.

PÉRUGIN *(Attribué à)*.

207. — Tête d'homme.

Dessin à la plume, rehaussé de sépia.

PETITOT.

208. — Louis XIV.

Émail ovale.

ROMAIN *(Attribué à* JULES*)*.

209. — Charité.

Sépia.

RAPHAEL *(D'après)*.

210. — Copie à l'aquarelle du saint Georges.

RUBENS (*Attribué à*).

211. — Marie de Médicis.

Dessin aux trois crayons.

212. — Sous ce numéro, seront vendus plusieurs dessins non catalogués.

MARBRES

TERRES CUITES ET BRONZES

MARBRES, TERRES CUITES

ET BRONZES

TRIQUETI (baron de).

213. — La Madeleine dans sa première ferveur.

DIDIA CLARA.

214. — Portrait de l'impératrice Didia Clara. femme de l'empereur Albinus.

Buste.

Ce buste ne se recommande pas moins par sa rareté que par son mérite et sa conservation ; l'Italie ne possède qu'un autre portrait sculpté sur la même impératrice.

VEROCCHIO (*Attribué à*).

215. — Christ en croix.

Ivoire.

Cadre en ébène, avec ornements en cuivre et incrustations en ivoire.

KRAUSS (Rosalie).

216. — Scène du Déluge.

217. — Portrait d'Aristote, fils de Nicomaque.

ΑΡΙΣΤΟΤΙΛΗΣ.

Ο ΝΙΧΟΜΑΧΟΥ.

Buste.

218. — Bénitier.

Marbre.

219. — Têtes d'anges.

Marbre.

220. — Le Tombeau des Scipions.

Modèle réduit, qui en marbre blanc, provient de la collection du baron Denon.

FLAMANT.

221 — L'Amour pleurant.

Terre cuite, forme ronde (petite dimension).

222. — Petits Enfants qui jouent avec une chèvre.

Bronze.

DUBOIS.

223. — Deux séraphins.

> Bronze.

224. — Très-belle grille en fer forgé, dorure ancienne,
travail du XVIe siècle.

> Cette grille fermait le sanctuaire d'une chapelle
> miraculeuse de la Vierge, dans l'abbaye de Badia,
> près de Rovigo (Polesine).

**225. — Sous ce numéro, seront vendus divers objets
non catalogués.**

PARIS. — J. CLAYE, IMPRIMEUR, 7, RUE SAINT-BENOIT. — [623]